Nadine Engelhardt

Vegan Kochen mit Prep&Cook

Schnelle und einfache vegane Küche mit und ohne Küchenmaschine
mit Kochfunktion

Vegan Kochen mit Pep & Cook

Vegan Kochen mit Prep&Cook

1. Ausgabe Dezember 2019

Bibliografische Information der Deutschen Nationalbibliothek:
Die Deutsche Nationalbibliothek verzeichnet diese Publikation in der Deutschen
Nationalbibliografie; detaillierte bibliografische Daten sind im Internet über
http://dnb.dnb.de abrufbar.

Herstellung und Verlag:
BoD – Books on Demand, Norderstedt

Weitere Mitwirkende: Jenny Pick, Yvonne Chory, Manuela Cerning, Jacqueline Dimitriou,
Anicel Estrella, Susanne Troeger

ISBN: 978-3-7504-1930-8

Inhalt

Kuchen, Torten und Kaffeeteilchen **75**

Süßspeisen & Desserts **85**

Snacks **93**

Über dieses Buch

Weihnachten 2018 bekam ich mit der Krups Prep&Cook eine Küchenmaschine mit Kochfunktion geschenkt. Ich war nie ein Fan solcher Geräte, sie sollte mich lediglich ein wenig an anstrengenden Tagen unterstützen. Mittlerweile möchte ich die Maschine jedoch nicht mehr missen, sie ist fast jeden Tag in Gebrauch. Und das, obwohl ich sehr wohl kochen kann! Leider ist mir recht schnell aufgefallen, dass die Anzahl an verfügbaren Kochbüchern eher überschaubar ist und die Rezeptauswahl für Menschen, welche sich pflanzlich(er) ernähren möchten, doch sehr gering ausfällt.

Im Jahr 2016 begann ich, mich mit der veganen Ernährung auseinanderzusetzen. Seitdem ist Kochen mehr und mehr zu meinem Hobby geworden. Ich habe sehr viel Spaß daran, in der Küche zu stehen und vegane Leckereien zuzubereiten. Dieses Buch ist letztendlich daraus entstanden, dass ich einen Ort brauche, um meine Rezepte niederzuschreiben und zu sammeln. Zudem will ich allen Interessierten zeigen, dass "vegan" keineswegs langweilig ist. Im Gegenteil: Seit ich mich vegan ernähre, habe ich so viel neues entdeckt!

Dieses Buch wendet sich an alle, welche an der veganen Küche interessiert sind. Die Rezepte sind einfach und zumeist schnell zubereitet, sodass sie sich einfach in den Alltag integrieren lassen. Auch die Zutaten sind keinesfalls exotisch: Alles, was man braucht, ist im gut sortierten Supermarkt erhältlich! Bei manchen Dingen bevorzuge ich persönlich den Asiamarkt, da sie dort deutlich günstiger zu beziehen sind. Teuer ist es jedoch definitiv nicht.

Alle Rezepte in diesem Buch sind auf **2 Personen** ausgelegt. Wer für mehr Leute kocht, kann alle Rezepte ganz einfach verdoppeln - teils sogar verdreifachen. Auch das Halbieren der Rezepte stellt meist kein Problem da. Außerdem sind alle Rezepte so geschrieben, dass sie auch mit herkömmlichen Küchenhelfern leicht gekocht werden können.

Ein Buch zu erstellen, ist ein Projekt, welches viel Hilfe benötigt. Darum möchte ich mich bei allen bedanken, die mir mit Rat und Tat zur Seite standen. **Ohne euch wäre dieses Buch niemals fertig geworden!** Besonderer Dank geht an meine Testkocher, allen voran Yvonne, Jenny, Jacqueline und Manuela. Die meisten der tollen Bilder, die ihr hier bewundern könnt, stammen von ihnen.

Produktkunde

Viele Vorurteile besagen, vegan kochen sei schwer, erfordere eine Menge außergewöhnlicher Zutaten und zudem soll es teuer sein. Je nach individuellem Kochverhalten kann das zutreffen, muss es jedoch nicht. In diesem Buch möchte ich vorwiegend Rezepte zeigen, die mit günstigen und alltäglichen Zutaten auskommen. Die meisten Zutaten sind selbst in Discountern zu bekommen, gut sortierte Supermärkte führen alle benötigten Produkte.

Im Folgenden möchte ich einen Überblick über Zutaten geben, welche dem ein oder anderen bisher trotzdem nicht geläufig sein mögen.

Pflanzenmilch

Die meisten pflanzlichen Milch-Alternativen dürfen nicht als "Milch" bezeichnet werden, weshalb sie in Supermärkten unter dem Namen "Drink" verkauft werden. Discounter führen zumeist Soja-Drink und Hafer-Drink, ich selbst verwende hauptsächlich Reisdrink, Sojamilch eignet sich auch für alle Rezepte. Andere Sorten können bei verschiedenen Rezepten zusätzliche Stärke-Zugaben oder längere Kochzeiten benötigen, so gelingt z.B. Pudding mit Hafermilch meistens eher schlecht.
Kokosmilch eignet sich ebenfalls sehr gut für die vegane Küche. Unter diesem Namen bekommt man zumeist die fetthaltige Milch der Kokosnuss, welche sich bei kühleren Temperaturen in Kokosmilch und Kokoswasser trennt. Sie hat eine Sonderstellung und ist von der "Drink"-Regelung ausgenommen. Kokosdrink dagegen wird in Tetra-Packs verkauft und besteht zumeist hauptsächlich aus Wasser gemixt mit Kokosflocken.
Pflanzenmilch lässt sich auch einfach selbst herstellen, indem man Wasser mit der gewünschten Zutat mixt und danach durch einen Nussmilchbeutel ausdrückt. Evtl. lässt man es vorher etwas stehen und einweichen. Diese Alternative ist natürlich mit Abstand am billigsten, und sollte z.B. regionaler Hafer verwendet werden, ist sie zusätzlich die ökologisch sinnvollste Milch-Alternative.

Schmand-Alternative

Zum Ersetzen von Creme Fraiche, Schmand und saurer Sahne sind leider nicht besonders viele Produkte auf dem Markt. Lediglich Dr. Oetker bietet die "Creme Vega" an, welche sehr gut an die Eigenschaften dieser Produkte herankommt.

Sahne-Alternativen

Im Gegensatz zu tierischen Produkten lässt sich nicht jede pflanzliche "Sahne" aufschlagen. Pflanzliche Sahne zum Kochen trägt den Namen "Cuisine", aus den vielen verschiedenen Angeboten nutze ich selbst gerne Soja Cuisine. Wird aufschlagbare Sahne gebraucht, findet man sie unter den Namen "Schlagcreme". Ich selbst präferiere hier die ungesüßte Variante der Marke Schlagfix, aber auch die Produkte der Marke Soyatoo bringen gute Ergebnisse. Dennoch wird immer ein wenig Sahnesteif benötigt.

Joghurt-Alternativen

Die Auswahl an veganen Joghurt-Alternativen ist mittlerweile ziemlich groß. In den meisten Supermärkten gibt es eine Menge Auswahl, welche von Kokosjoghurt über Mandeljoghurt und Sojajoghurt zu Lupinenjoghurt reicht. Zu Beginn schmeckt es natürlich nicht nach normalem Joghurt und man muss sich ein wenig durchprobieren, aber viele der Produkte sind extrem lecker.

Stärke

Stärke wird wohl jedem ein Begriff sein. Statt der üblichen Speisestärke, welche zumeist aus Kartoffeln oder Mais gewonnen wird (und auch vegan ist!) verwende ich aufgrund der besseren Bindungseigenschaften in meinen Rezepten gerne alternative Produkte wie Tapiokastärke und Johannisbrotkernmehl. Tapiokastärke beziehe ich sehr günstig im Asia-Laden, Johannisbrotkernmehl gibt es oft nur in Bioläden oder sehr großen Supermärkten. Letzteres wird in deutlich kleineren Packungen verkauft, allerdings benötigt man nur sehr geringe Mengen, um den gleichen Effekt wie mit Speisestärke zu erzielen. Der Vorteil davon ist, dass der Geschmack nicht verfälscht wird. Zudem kann es auch kalte Speisen andicken, ohne sie zuvor aufkochen zu müssen.

Der Vorteil von Tapiokastärke ist neben dem Preis, dass sie nach dem Kochen klar bleibt. Ab einer gewissen Konzentration zieht sie Fäden, sodass sie gerne für vegane Käse-Herstellung genutzt wird.

Wer diese Produkte nicht kaufen möchte, kann für die Rezepte auch normale Speisestärke verwenden. Davon braucht es allerdings eine größere Menge als in den Rezepten angegeben.

Geliermittel

Den meisten Leuten ist Gelatine ein Begriff, welche in einer veganen (oder auch vegetarischen) Ernährung wegfällt, da sie aus dem Bindegewerbe von Tieren hergestellt wird. Dennoch gibt es pflanzliche Geliermittel, welche genauso gut funktionieren. Ich selbst benutze sehr gerne Agar Agar, welches aus Algen gewonnen wird. Direkt aus der Packung riecht es auch etwas danach, nach dem Kochen verflüchtigt sich das jedoch und es gibt auch keinen Beigeschmack. Ein weiteres Geliermittel, mit welchem auch die meisten Marmeladen gekocht werden, ist (Apfel-)Pektin. Pektin ist die Zutat in Gelierzucker, welche zum gelieren der Marmelade führt. Verschiedenes Obst hat einen unterschiedlich hohen Pektin-Gehalt, weshalb bei unterschiedlichen Sorten die Menge an zusätzlichem Pektin leicht angepasst werden muss.

Ei-Ersatz

Zunächst denkt man immer, Eier seien schwer zu ersetzen. Für Spiegelei mag das stimmen, wobei es auch hier Rezepte gibt, die aber verhältnismäßig aufwändig sind. Ei-Geschmack jedoch kann man einfach mit Kala Namak (Schwefelsalz) erreichen. Beim Backen gibt es vielfältige Möglichkeiten, wie Eier ersetzt werden können. Meine Favoriten sind Bananen, Seitanpulver und Sojamehl. Ist dies gerade nicht im Haus, funktioniert je nach Rezept auch Apfelmus, Chiasamen-Gel und Leinsamen-Gel. Außerdem gibt es spezielle Eiersatz-Pulver zu kaufen. Wichtig ist jedoch, vegane Teige nicht zu lange zu rühren, da sie dann zäh werden.

Tofu

Tofu ist bei uns in Deutschland als typisch veganes Produkt bekannt, während er z.B. in Asien ein ganz normales Grundnahrungsmittel ist und in viele Rezepte gehört. Wenn man ihn nicht als Fleischersatz betrachtet, ist Tofu sehr vielseitig und bietet viele neue Geschmackserlebnisse. Für meine Rezepte nutze ich festen Räuchertofu, welcher kross angebraten werden muss. Er lässt sich jedoch durch alle festen Tofu-Sorten ersetzen. Weicher Seidentofu kann z.B. für Desserts verwendet werden. Wenn Tofu das erste Mal nicht gelingt, sollte man sich nicht entmutigen lassen - Tofu richtig zuzubereiten braucht auch ein wenig Übung.

Frühstück

Knusprige 3-Zutaten-Pancakes

1 große oder 2 kleine Bananen (geschält ca. 180g)
200ml Reismilch
200g Haferflocken
Öl

1. **Knet-/Mahlmesser** einsetzen. Banane schälen, in Stücke zerbrechen.
2. Banane und 100ml Reismilch in den Mixtopf geben und pürieren. *[Stufe 8, 30 Sekunden]*
3. Haferflocken und restliche Reismilch zugeben. Vermischen.
   [Stufe 5, 20 Sekunden]
4. Ca. 5 Minuten ziehen lassen.
5. Öl in der **Pfanne** erhitzen.
6. Für jeden Pancake ca. 1 großen Esslöffel Teig in die Pfanne geben und flach drücken. Die Pancakes sollten ca. ½-1cm hoch sein.
7. Bei mittlerer Hitze von jeder Seite ca. 2 Minuten anbraten. Vor jedem neuen Pfannkuchen ggf. etwas Öl hinzugeben.

Vor dem Anbraten sollte die Pfanne sehr heiß sein. Die ersten Pancakes brauchen evtl. etwas länger.
Für weichere Pfannkuchen, die Haferflocken teils durch Mehl ersetzen.

Schoko-Bananen-Mousse

80g Cashewkerne
80g Haferflocken
240ml Wasser
3 Datteln
15g Backkakao
3 kleine oder 2 große Bananen
Topping (gehackte Nüsse, Kakaonibs, Kokosflocken, kleingeschnittenes Obst, …)

1. **Universalmesser** einsetzen. Cashewkerne, Haferflocken, Datteln, Backkakao und Wasser in den Topf geben.
2. 3 Stunden oder über Nacht einweichen lassen.
3. Banane schälen und in Stücke brechen. Zugeben.
4. Alles vermischen. *[Stufe 10, 30 Sekunden]*
5. Die Mischung fein pürieren. *[Stufe 12, 1 Minute]*
6. In Schüsseln oder Gläser geben. Topping darüber streuen.

French Toast aus dem Waffeleisen

100g Reismilch
1TL Zimt
1TL Ahornsirup
1TL Sojamehl (optional, oder Stärke)
Vanille

4 Scheiben Toastbrot
Öl

1. **Schlag-/Rühraufsatz** einsetzen. Reismilch hineingeben. Deckel schließen und rühren lassen, damit beim Einfüllen der restlichen Zutaten nichts klumpt. *[Stufe 6]*
2. Sojamehl, Zimt, Ahornsirup und Vanille langsam zugeben. Danach 10 weitere Sekunden verrühren. Programm stoppen.
3. Die Mischung in einen tiefen Teller füllen.
4. **Waffeleisen** einfetten und aufheizen.
5. Toastbrot beidseitig durch die Mischung ziehen. Im Waffeleisen ausbacken.

Dazu schmecken z.B. Preiselbeeren, Apfelmus oder frisches Obst mit Sahne. Natürlich kann das French Toast genauso gut auch traditionell in der Pfanne zubereitet werden.

Apfelküchl

50ml Reismilch
1 TL Apfelessig
2 Äpfel
1 TL Sojamehl
1 TL Backpulver
1 TL Zimt
2 EL Agavendicksaft oder Zucker
30g Mehl
Öl

1. **Schlag-/Rühraufsatz** einsetzen. Reismilch und Apfelessig zugeben und kurz vermischen. *[Stufe 3, 5 Sekunden]*
2. 10 Minuten ruhen lassen. Währenddessen Äpfel entkernen und in Ringe schneiden.
3. Mehl, Sojamehl, Backpulver, Zimt und Zucker in den Mixtopf geben und verquirlen. *[Stufe 6, 30 Sekunden]*
4. Öl in der **Pfanne** erhitzen. Apfelringe in den Teig tauchen und beidseitig anbraten.

Nach Geschmack können die Ringe am Ende noch in einer Zimt-Zucker-Mischung gewendet werden.
Das Rezept funktioniert auch mit anderem Obst wunderbar, z.B. mit Kiwis.

Shakshuka

1 gelbe Paprika
½ Zwiebel
2 EL Olivenöl
2 Zehen Knoblauch
1 EL Tomatenmark
400g Tomaten
Salz
Türkisches Gewürz (Paprika, Petersilie, Oregano, Kümmel, Koriander)

1. Zwiebel und Knoblauch schälen und grob zerkleinern.
2. **Universalmesser** einsetzen. Zwiebel und Knoblauch zugeben und zerkleinern. *[Impuls, 10 Sekunden]*
3. Paprika in schmale Streifen schneiden.
4. **Misch-/Rühraufsatz** einsetzen. Öl und Paprika zugeben und schmoren lassen. *[Stufe 1, 95°C, 20 Minuten]*
5. Tomaten würfeln, zusammen mit den restlichen Zutaten zugeben. Alles gemeinsam köcheln lassen. *[Stufe 1, 100°C, 15 Minuten]*

In einem traditionellen Shakshuka werden am Ende Eier in der Tomatensoße pochiert. Mir schmeckt es allerdings auch sehr gut, wenn die Tomatensoße zusammen mit einem Klecks Creme Vega oder einer Scheibe Brot gegessen wird.
Ich variiere hier gerne mit dem Gewürz. Sehr lecker schmeckt es z.B. auch mit marokkanischem Gewürz („45 Spices").

Beeren-Chia-Pudding

500g Beeren
100ml Reismilch
4 EL Chiasamem
2 TL Ahornsirup
3 Blätter Minze
1 EL gehackte Mandeln
1 EL gehackte Haselnüsse
1 EL Sonnenblumenkerne
1 EL Kokosraspel

1. **Universalmesser** einsetzen. Beeren und Milch pürieren. *[Stufe 10, 1 Minute]*
2. Minze hacken. Chiasamen, Ahornsirup und Minze zugeben und alles gut vermischen. *[Stufe 10, 30 Sekunden]*
3. In Schüsseln oder Gläser füllen. Mandeln, Haselnüsse, Sonnenblumenkerne und Kokosraspel darüber streuen.

An Beeren eignet sich prinzipiell alles, am besten sollten sie jedoch kernlos sein.

Wer die typische Konsistenz von Chiasamen nicht mag, kann sie vorher mahlen. Dafür das Knet-/Mahlmesser einsetzen, eine größere Menge Chiasamen hinzufügen, das Garkörbchen einsetzen und auf Turbo zerkleinern.

Erdnuss-Bananen-Smoothie

50g Haferflocken
400ml Wasser
2 Bananen
2 EL Erdnussbutter
2 EL Kakaopulver

1. Haferflocken und Wasser in eine Schüssel geben und über Nacht einweichen lassen.
2. **Universalmesser** einsetzen. Haferflocken, Wasser und Erdnussbutter zugeben und mixen. *[Stufe 7, 2 Minuten]*
3. Bananen schälen und in Stücke brechen. Gemeinsam mit dem Kakaopulver zugeben und alles cremig mixen. *[Stufe 11, 1:30 Minuten]*

Johannisbeer-Minz Bircher Müsli

200g Sojajoghurt
100g Johannisbeeren, gefroren
100g Äpfel
75g Haferflocken
20g Haselnüsse, gehackt
5g Kakaonibs
5 Blätter Minze

1. **Knet-/Mahlmesser** einsetzen. Joghurt und Johannisbeeren hinzugeben und kurz zerkleinern. *[Stufe 10, 30 Sekunden]*
2. Äpfel entkernen und achteln. Zugeben und ebenfalls zerkleinern. *[Stufe 10, 20 Sekunden]*
3. Minze hacken und gemeinsam mit den restlichen Zutaten zugeben. Alles vermischen. *[Stufe 6, 10 Sekunden]*

An diesem Rezept kann fast alles variiert werden. Die Grundmengen sollten gleichbleiben, dann können das Obst und die Nüsse variiert werden. Außerdem kann statt einem Teil des Joghurts auch die halbe Menge an Saft verwendet werden.

24

S. 25

26

S. 27

Brot &

Teig

28

S. 29

S. 30

Fladenbrot

175ml Wasser, lauwarm
1 Packung Trockenhefe
350g Mehl
40g + 1 EL Rapsöl
5g Zucker
7g Salz
3 EL Sesam
2 EL Reismilch

1. **Knet-/Mahlmesser** einsetzen. Wasser, Trockenhefe, Zucker und 50g Mehl zufügen und zu einem Vorteig verarbeiten. *[Teig P1]*
2. Nach 30 Sekunden das Programm stoppen und restliches Mehl, 40g Rapsöl und Salz zugeben. Programm weiter laufen lassen.
3. Nach Ende der Knetphase das Messer entnehmen, den Teig zu einer kurzen Rolle formen und mit dem restlichen Öl leicht einfetten.
4. Wieder in den Mixtopf geben, Gehzeit auf 20 Minuten reduzieren und Programm weiter laufen lassen.
5. Teig entnehmen, kurz von Hand durchkneten und zu einer Kugel formen. Rund zu einem Fladen ausrollen (ca. 1 cm hoch) und zugedeckt 1 weitere Stunde gehen lassen.
6. Eine Schale mit heißem Wasser auf den Boden des **Backofens** stellen und auf 220°C Ober-/Unterhitze vorheizen.
7. Das Brot mit Reismilch bestreichen und mit Sesam bestreuen. Mit einem Messer oder mit den Fingerkuppen tief ein Raster eindrücken.
8. Fladenbrot in den Ofen geben. Nach 5 Minuten die Temperatur auf 200°C reduzieren und weiter 10 Minuten backen.
9. Ofen ausschalten und das Brot noch für 3-5 Minuten im ausgeschalteten Ofen fertig backen.
10. Vor dem Anschneiden mindestens 10 Minuten leicht auskühlen lassen.

Baguette

5g frische Hefe oder 2g Trockenhefe
250g Mehl
165ml lauwarmes Wasser
¼-½ TL Salz

1. **Knet-/Mahlmesser** einsetzen. Wasser und Hefe in den Topf geben. Vermischen. *[Teig 1]*
2. Nach 30 Sekunden Mehl und Salz zugeben.
3. Nach Ablauf des Programms Teig auf eine mit Mehl bestäubte Arbeitsfläche geben, ggf. teilen für 2 kleinere Baguettes. Durch Drücken zu flachen Vierecken formen.
4. Die Ecken zur Mitte falten, leicht flach drücken und 20 Minuten mit einem feuchten Tuch bedeckt gehen lassen.
5. Schritt 4 wiederholen.
6. Auf Backpapier aus dem Teigling/den Teiglingen Baguettes formen.
7. Mit einem scharfen nassen Messer schräge Schlitze ins Baguette schneiden und abgedeckt 45 Minuten gehen lassen.
8. Eine flache ofenfeste Form mit 200ml Wasser füllen, unten in den **Backofen** stellen. Backofen vorheizen auf 250°C Ober-/Unterhitze.
9. Das Baguette mit etwas Wasser besprühen und in den Ofen schieben. Für 15 Minuten backen.
10. Ofen ausschalten, das Baguette allerdings noch 5 Minuten im Ofen lassen.
11. Aus dem Ofen nehmen und vor dem Anschneiden 20 Minuten auskühlen lassen.

Pitabrot vom Grill

250g Mehl, Typ 550
150ml Wasser, lauwarm
5g Trockenhefe
3 EL Olivenöl
½-1 TL Salz
Sesam

1. Knet-/Mahlmesser einsetzen. Wasser und Hefe vermischen. [Teig P1]
2. Nach 30 Sekunden den Rest der Zutaten außer 1EL Öl und dem Sesam hinzufügen und das Programm fortsetzen.
3. Gehzeit auf 15 Minuten verringern.
4. Den Teig auf einer bemehlten Fläche vierteln und Kugeln formen.
5. Die Kugeln zu ½ - 1cm dicken Fladen ausrollen und mit Öl bestreichen. Mit Sesam bestreuen.
6. Die Brote für ca. 3 Minuten pro Seite grillen.

Sehr lecker ist das Brot auch als Knoblauchbrot. Dafür nach dem Grillen mit einer Knoblauchzehe einreiben oder aber mit Knoblauchöl bestreichen. Natürlich kann auch einfach zerkleinerter Knoblauch mit eingeknetet werden.

Außerhalb der Grillsaison kann das Brot auch auf einem offenen Kontaktgrill oder sogar in der Pfanne zubereitet werden. Je nach Hitze muss das Brot dann allerdings bis zu 6 Minuten pro Seite gegrillt werden.

Rosinenbrot

360g Mehl
120ml + 1 TL Wasser
⅓ Tasse Reismilch
1 EL Zitronensaft
1 Packung Trockenhefe
1 TL Salz
½ TL Backpulver
2 EL Rapsöl
70g Rosinen
4 EL Zucker
1 TL Zimt

1. **Knet-/Mahlmesser** einsetzen. 2 EL Zucker, Hefe und 120ml Wasser in den Mixtopf geben und vermischen. *[Teig P1]*
2. Programm nach 30 Sekunden stoppen und restliche Zutaten außer Zimt, Zucker und Wasser zugeben. Programm fortsetzen. Teig und Messer nach dem Piepen entnehmen.
3. Restliches Wasser mit Zucker und Zimt vermischen.
4. Teig ausrollen, Zucker-Zimt Mischung darauf verteilen und aufrollen. Zu einer Kugel formen und mit Öl bestreichen.
5. Zurück in die Schüssel geben und das Programm für die Gehphase weiterlaufen lassen.
6. Teig in einen Römertopf geben, Oberfläche mit einem scharfen Messer mehrmals einritzen. 20 Minuten gehen lassen.
7. Ofen auf 190°C vorheizen.
8. Brot ca. 30 Minuten lang backen.

Bananenbrot

130g Haferflocken
2 Bananen
40g Zucker
100g Dinkelvollkornmehl
10g Backpulver
2 TL Zimt
30g Mandeln, gehackt
60g Rosinen
60g Öl
40g Schokolade

1. **Knet-/Mahlmesser** einsetzen. Haferflocken in den Mixtopf geben und mahlen. *[Stufe 10, 35 Sekunden]*
2. Bananen und Zucker zugeben. Pürieren und vermischen. *[Stufe 8, 20 Sekunden]*
3. Mehl, Backpulver, Mandeln, Zimt, Rosinen und Öl dazugeben. Zu einem glatten Teig kneten. *[Stufe 8, 10 Sekunden]*
4. **Ofen** vorheizen auf 170°C.
5. Schokolade hacken.
6. Teig in eine gefettete **Kastenform** geben. Schokolade mit einer Gabel grob untermischen.
7. Kastenform in den Ofen geben und für 40-45 Minuten backen.

Mit dieser Menge bleibt das Bananenbrot in einer Standard-Kastenform noch relativ flach. Wer das nicht möchte, kann die Zutaten auch verdoppeln, dadurch verlängert sich allerdings die Backzeit.

Pizza

375g Mehl Typ 405
15g Frischhefe
210ml Wasser
½ TL Agavendicksaft/Zucker
1 TL Salz
1 EL Olivenöl + 1 TL zum einreiben

1. **Knet-/Mahlmesser** einsetzen. Alle Zutaten zugeben und verkneten. *[Teig P1]*
2. Beim Piepen Messer entnehmen und den Teig zu einer Kugel formen. Mit ca. 1 TL Olivenöl bestreichen. Wieder in die Schüssel geben und gehen lassen. *[Teig P1 fortsetzen]*
3. Nach Ende des Gehprogramms in eine Schüssel geben und in den Kühlstrank stellen. Ca. 6 weitere Stunden gehen lassen.
4. Teig kurz durchkneten und ausrollen. Abdecken und 20 Minuten gehen lassen.
5. **Ofen** auf 190°C vorheizen.
6. Für 20 Minuten backen.

Wer es eilig hat, kann Schritt 3 weglassen oder verkürzen. Allerdings wird der Teig hierdurch kompakter.

Flammkuchen

200g Mehl
110ml Wasser
2 EL Öl
1 gestrichener TL Salz

1. **Ofen** auf 200°C vorheizen.
2. **Knet-/Mahlmesser** einsetzen. Alle Zutaten in den Mixtopf geben und zu einem Teig verkneten. *[Stufe 6, 25 Sekunden]*
3. Entnehmen und in zwei Kugeln teilen. Auf einer bemehlten Arbeitsfläche dünn ausrollen.
4. Nach Belieben mit Soße bestreichen, würzen und belegen.
5. Ca. 20 Minuten backen.

Als Soße eignet sich sehr gut Creme Vega mit ein wenig Pflanzenmilch gemischt. Meine liebsten Beläge sind:
*   Apfel, Birne, Schokolade, Zimt (süß)
*   Zucchini, Pilze, Zwiebelringe

S. 32

S. 33

S. 34

S. 35

Suppe

S. 36

S. 37

Bärlauchsuppe

3 Handvoll Bärlauch
7 Kartoffeln
3 Karotten
1 Frühlingszwiebel
700ml Gemüsebrühe
Muskat
Salz
Pfeffer

1. Bärlauch waschen, die Stiele abschneiden und dritteln. Idealerweise vor dem Verarbeiten trocknen lassen.
2. **Universalmesser** einsetzen und drehen lassen. Bärlauch von oben nach und nach einrieseln lassen. *[Stufe 7]*
3. Bärlauch entnehmen.
4. Kartoffel und Karotten schälen und vierteln.
5. In den Mixtopf geben und mit Gemüsebrühe bedecken. Köcheln lassen. *[Stufe 1, 25 Minuten, 95°C, Stopfen auf Maxi]*.
6. In der Zwischenzeit die Frühlingszwiebel in Ringe schneiden.
7. Würzen und vermischen. *[Stufe 9, 30 Sekunden]*
8. Bärlauch zugeben und pürieren. *[Stufe 12, 30 Sekunden]*
9. Auf Tellern anrichten und mit der Frühlingszwiebel garnieren.

In größeren Mengen lässt sich der Bärlauch besser zerkleinern. Portioniert in Eiswürfelformen o.ä. können große Mengen gut vorbereitet und ohne Geschmacksverlust eingefroren werden.
Etwas besser lässt er sich zerkleinern, wenn etwas von der Gemüsebrühe bereits in Schritt 2 schon zugegeben wird. Dann sollte er jedoch sofort verwendet werden.

Zucchinicremesuppe

2 Zucchini
½ Zwiebel
2 Knoblauchzehen
6 EL Kokosmilch
750ml Gemüsebrühe
Salz
Pfeffer

1. Zwiebel und Knoblauch schälen. Alles in grobe Stücke schneiden. Zucchini grob würfeln.
2. **Universalmesser** einsetzen, Gemüse und 2 EL Gemüsebrühe zugeben und grob zerkleinern. *[Impuls, 10 Sekunden]*
3. Etwas Gemüsebrühe zugeben und alles andünsten. *[Garen P1]*
4. Mit Gemüsebrühe bedecken und köcheln lassen. *[95°C, Stufe 1, 15 Minuten]*
5. Kokosmilch und Gewürze hinzufügen. Alles kurz verrühren. *[Stufe 8, 30 Sekunden]*

Kartoffelsuppe

6 Kartoffeln (ca. 450g)
2 Karotten
2 Frühlingszwiebeln
700ml Gemüsebrühe
Paprika, edelsüß
Kurkuma
Muskatnuss
Salz
Pfeffer

1. Kartoffeln und Karotten schälen, Frühlingszwiebeln waschen. ½ Frühlingszwiebel beiseite legen. Restliches Gemüse in grobe Stücke schneiden.
2. **Universalmesser** einsetzen. Gemüse und Brühe hinzufügen. Gerät programmieren und Deckel auf "Maxi" verschließen. *[Suppe P2, 25 Minuten]*
3. In der Zwischenzeit die restliche Frühlingszwiebel in feine Scheiben schneiden.
4. Die Suppe mit Paprika, Kurkuma, Muskat sowie Salz und Pfeffer würzen. Je nach Geschmack etwas mehr Wasser hinzufügen, falls sie zu dickflüssig ist.
5. Suppe pürieren. *[30 Sekunden, Stufe 12]*

Alternativ kann Suppenprogramm P1 genutzt werden. Durch die enthaltene Stärke der Kartoffeln wird die Suppe jedoch etwas "schleimig".

Lasagnesuppe

150g Räuchertofu
800g gehackte Tomaten
400ml Gemüsebrühe
1 Zwiebel
2 Knoblauchzehen
2 TL Tomatenmark
4 Lasagneplatten
Öl
Salz
Pfeffer
Pizzagewürz

1. **Universalmesser** einsetzen. Räuchertofu in grobe Stücke brechen, in den Mixtopf geben und zerkleinern. *[Stufe 12, 10 Sekunden]*
2. Öl in einer **Pfanne** erhitzen, den Tofu hineingeben und scharf anbraten.
3. Parallel Zwiebel und Knoblauch schälen, Zwiebel vierteln und ebenfalls im Mixtopf bei zerkleinern. *[Stufe 12, 10 Sekunden]*
4. **Rühr-/Mischaufsatz** einsetzen. Öl zu den Zwiebeln geben und glasig dünsten. *[Garen P1]*
5. Nach Ablauf des Programms Tofu und Tomatenmark hinzufügen und anschwitzen. *[Stufe 2, 100°C, 1 Minute]*
6. Gehackte Tomaten und Gemüsebrühe zugeben und köcheln lassen. *[Garen P2, 10 Minuten, Stopfen auf Maxi]*
7. Lasagneplatten in mundgerechte Stücke zerbrechen. Nach Ablauf des Programmes mit den Gewürzen in den Topf geben, zwischendurch jeweils kurz umrühren. *[Stufe 1, 95°C, 10 Minuten, Stopfen auf Mini]*

Der letzte Schritt ist am einfachsten, wenn die Geschwindigkeit zunächst auf Stufe 3 gestellt wird und die Lasagneplatten-Stückchen währenddessen über das Loch eingeworfen werden. Danach die Stufe wieder reduzieren und Stopfen einsetzen.

Brokkolisuppe

3 EL Margarine
4 EL Mehl
500g Brokkoli
500ml Gemüsebrühe
½ Zwiebel
Salz
Pfeffer

1. **Universalmesser** einsetzen. Zwiebel zugeben und zerkleinern. *[Impuls, 10 Sekunden]*
2. Margarine hinzugeben und erhitzen. *[Stufe 3, 100°C, 3 Minuten]*
3. Brokkoli putzen und in grobe Stücke schneiden.
4. Mehl zugeben und Mehlschwitze herstellen. *[Stufe 3, 100°C, 2 Minuten]*
5. Strunk vom Brokkoli zugeben, Gemüsebrühe zugeben und pürieren. *[Stufe 10, 100°C, 1 Minute]*
6. Rest vom Brokkoli sowie die Gemüsebrühe in den Mixtopf geben. Köcheln lassen. *[Suppe P2, 35 Minuten, Stopfen auf Maxi]*
7. 5 Minuten vor Ablauf des Programms würzen.

Je nach Größe der Brokkolistücke muss das Suppenprogramm noch verlängert werden.
Falls man größere Stücke in der Suppe mag, das Programm 15-20 Sekunden vor Ende abbrechen.

Rote Linsensuppe

3 Karotten
1 Zwiebel
1 Knoblauchzehe
200g rote Linsen
400g gehackte Tomaten
800ml Gemüsebrühe
2 TL Limettensaft
Öl
Salz
Pfeffer
Koriander

1. Knoblauch, Karotte und Zwiebel schälen und in grobe Stücke schneiden.
2. Universalmesser einsetzen. Zwiebel und Knoblauch zerkleinern. *[Stufe 10, 15 Sekunden]*
3. Alles nach unten schieben. Karotte zugeben, erneut zerkleinern. *[Stufe 10, 15 Sekunden]*
4. **Misch-/Rühraufsatz** einsetzen. Öl zugeben und andünsten. *[Garen P1]*
5. Gemüsebrühe, Tomaten und Linsen zugeben und köcheln lassen. *[Stufe 1, 95°C, 15 Minuten, Stopfen auf Maxi]*
6. 5 Minuten vor Ablauf des Programms würzen.

S. 39

S. 40

S. 41

S. 42

S. 43

S. 44

Grießnockerlsuppe

50g Margarine
¼ TL Seitanfix (optional)
100g Grieß
4½ EL Wasser
1l Gemüsebrühe
2 Karotten
Suppengemüse nach Geschmack
Salz
Pfeffer
Muskat

1. **Knet-/Mahlmesser** einsetzen. Margarine zugeben und schmelzen. *[Stufe 6, 30°C, 1 Minute]*
2. Alles vom Rand runter schieben. Grieß, Seitan, Wasser und Gewürze zugeben. *[Stufe 6, 1 Minute]*
3. In eine kleine Schüssel geben und 15 Minuten quellen lassen.
4. Karotte schälen, in grobe Stücke schneiden und schreddern. *[Impuls, 20 Sekunden oder bis es nicht mehr poltert, das ist je nach Größe der Stücke unterschiedlich]*
5. Messer entnehmen, mit Gemüsebrühe aufgießen. *[5 Minuten, 100°C]*
6. Grießnockerl formen und nach Ablauf des Programms mit dem restlichen Gemüse zugeben. *[20 Minuten, 95°C]*

Alternativ zu Schritt 5 bereits kochende Brühe nutzen und nur so lange auf 100°C schalten, bis das Wasser erneut kocht.
Nockerl stark würzen.

Sämige Tomatensuppe mit Brötchen

2 Dosen passierte Tomaten
1 Zwiebel
2 Zehen Knoblauch
3 weiße Brötchen
3 EL Tomatenmark
Salz
Pfeffer
Pizzagewürz

1. **Universalmesser** einsetzen, Zwiebel und Knoblauch zerkleinern. *[Impuls, 2x5 Sekunden. Zwischendrin runterschieben]*
2. Mit Öl anschwitzen. Nach 4 Minuten Tomatenmark zugeben. *[Garen P1]*
3. Nach Ablauf des Programms Tomaten und Brühe zugeben. Köcheln lassen. *[Suppe P1, 25 Minuten]*
4. Brötchen in 1cm dicke Scheiben schneiden. 6 Scheiben beiseite legen, den Rest in Würfel schneiden oder zerreißen und in einer **Pfanne** mit etwas Öl anbraten.
5. 10 Minuten vor Ende des Programms Brötchenscheiben zur Suppe geben und würzen.
6. Suppe servieren und mit Brotwürfeln bestreuen.

Wer mag, kann auf dem Teller noch einen Klecks Joghurt in die Suppe einrühren.

Tomatencremesuppe

1 Knoblauchzehe
1 Zwiebel
700g Tomaten
1 Karotte
350ml Wasser
80g Soja Cuisine/Kokosmilch
70g Tomatenmark
1 TL Kräutersalz
1 EL Pizzagewürz
Pfeffer
Petersilie

1. Tomaten über Kreuz einritzen und mit kochendem Wasser übergießen.
2. Knoblauch und Zwiebel schälen. **Universalmesser** einsetzen und zerkleinern. *[Impuls 5 Sekunden]*
3. Einen Schluck Wasser hinzufügen und andünsten. *[Stufe 1, 90°C, 5 Minuten]*
4. Tomaten und Karotte schälen und in Stücke schneiden.
5. Tomatenmark und Gemüse in den Topf geben und mit Wasser übergießen. Köcheln lassen. *[Stufe 1, 95°C, 15 Minuten]*
6. Restliche Zutaten außer Petersilie zugeben und nach Belieben pürieren. *[Stufe 12, 1-2 Minuten]*
7. Mit Petersilie bestreuen und servieren.

Karotten-Linsensuppe

2 Karotten
1 Zwiebel
1 Zehe Knoblauch
1 Handvoll Cocktailtomaten
1 Paprika
100g Rote Linsen
500ml Gemüsebrühe
2 EL Tomatenmark
Rapsöl
Salz
Pfeffer
Koriander
Chili
Zitronensaft

1. Karotten, Zwiebel, Knoblauch schälen und in grobe Stücke schneiden.
2. **Universalmesser** einsetzen, Gemüse zugeben und zerkleinern. *[Impuls, 25 Sekunden]*
3. Alles herunterschieben. Etwas Öl zugeben und andünsten. *[Garen P1]*
4. Tomaten halbieren, Paprika würfeln. Nach Ablauf des Programms mit Tomatenmark, roten Linsen und Gemüsebrühe zugeben. Köcheln lassen. *[Suppe P2, 20 Minuten]*
5. Würzen und verrühren. *[Stufe 8, 30 Sekunden]*

Orientalische Süßkartoffelsuppe

1 Süßkartoffel (550g)
4 EL rote Linsen
1 Dose Kokosmilch
800ml Wasser
Salz
Pfeffer
2 TL Curry
Zitronensaft
2 TL getrocknete Minze

1. Süßkartoffel schälen und grob zerkleinern.
2. **Universalmesser** einsetzen. Süßkartoffel, Linsen, Wasser und Kokosmilch hinzugeben. Köcheln lassen. *[Suppe P1, 30 Minuten, Stopfen auf Maxi]*
3. Würzen und vermischen. *[Stufe 7, 30 Sekunden]*

Spargelsuppe

500g weißer Spargel
5 EL Margarine
12 gestrichene EL Mehl
1l Gemüsebrühe
Salz
Pfeffer

1. Spargel schälen und in mundgerechte Stücke schneiden.
2. **Misch-/Rühraufsatz** einsetzen. Margarine zugeben und schmelzen. *[Stufe 3, 90°C, 1:30 Minuten]*
3. Mehl zugeben und verrühren. *[Stufe 5, 90°C, 1:30 Minuten]*
4. Brühe eingießen und vermischen. *[Stufe 5, 30 Sekunden]*
5. Spargel zugeben, würzen und Suppe köcheln lassen. *[Stufe 1, 95°C, 20 Minuten, Stopfen auf Maxi]*

Hauptgerichte

S. 46

S. 47

S. 49

S. 50

S. 52

S. 53

Frühlingsrollen

70g Tofu
25g Glasnudeln
1 Karotte
3 Champignons
¼ Zwiebel
2 TL Sojasoße
1 TL Ahornsirup
Chili nach Geschmack
1 TL Mehl
2 TL Wasser
Frühlingsrollen-Papier quadratisch
Öl

1. Glasnudeln mit kochendem Wasser übergießen.
2. Tofu würfeln und in der **Pfanne** in Öl bei hoher Hitze scharf anbraten.
3. Gemüse putzen, Karotte vierteln.
4. **Universalmesser** einsetzen. Gemüse zugeben und zerkleinern. *[Stufe 10, 10 Sekunden]*
5. Gemüse zu dem Tofu geben und auf mittlerer Hitze anbraten.
6. Sojasoße, Ahornsirup und Chili zugeben und unterrühren.
7. Das Wasser der Glasnudeln abschütten. Mit einem Messer die Glasnudeln zerkleinern und zum Pfanneninhalt geben. Verrühren.
8. Pfanneninhalt leicht abkühlen lassen.
9. Mehl und Wasser in einer kleinen Schüssel verrühren.
10. Frühlingsrollen-Papier mit der Ecke nach vorne hinlegen. Etwas Füllung als Streifen in die Mitte geben, einen Klecks Mehl-Mischung in der oberen Ecke verteilen. Von unten einklappen, dann von den Seiten. Nun nach oben aufrollen.
11. Öl in die **Pfanne** geben und erhitzen. Die Frühlingsrollen darin frittieren.

Ich mache gerne die doppelte Menge und friere die Frühlingsrollen dann ein. Beim Einfrieren darauf achten, dass sie sich nicht berühren, ansonsten kleben sie zusammen! Die Frühlingsrollen können direkt tiefgefroren frittiert werden.

Blätterteig-Nussbraten mit Paprikabratensoße

Für den Braten
2 kleine Kartoffeln, gekocht und geschält
½ Stange Lauch
1 Zwiebel
1 Knoblauchzehe
200g Mandeln, gemahlen
2 Scheiben Toast
1 EL Johannisbrotkernmehl
50ml Gemüsebrühe
2 TL Currypulver
Salz
Pfeffer
Kräuter
1 Rolle Blätterteig
3 EL Pflanzenmilch

Für die Bratensoße
1 Zwiebel
1 Knoblauchzehe
3 EL Tomatenmark
2 Champignons
100g Letscho (oder 2 Champignons, 1 Paprika, 3 EL Tomatenmark)
400ml Gemüsebrühe
2 EL Balsamico-Essig (oder Apfelessig)
30 ml Pflanzenmilch
Salz
Pfeffer

1. Lauch in Ringe schneiden. **Misch-/Rühraufsatz** einsetzen, Öl und Lauch hinzugeben und andünsten. *[Stufe 1, 95°C, 5 Minuten]*
2. Lauch entnehmen. Zwiebeln schälen und achteln, Knoblauch schälen.
3. **Universalmesser** einsetzen. Zwiebeln und Knoblauch für Braten und Soße zugeben und zerkleinern. *[Stufe 12, 10 Sekunden]*
4. Misch-/Rühraufsatz einsetzen. Zwiebeln in etwas Öl andünsten. *[Stufe 1, 95°C, 5 Minuten]*
5. Toast in kleine Stücke zerreißen.
6. Zwiebeln und Knoblauch entnehmen, die Hälfte für die Soße beiseite stellen.
7. **Knet-/Mahlmesser** einsetzen, Kartoffeln zugeben und pürieren. *[Stufe 12, 10 Sekunden]*
8. **Ofen** auf 180°C vorheizen.
9. Alle restlichen Zutaten für den Braten außer Pflanzenmilch, Lauch und Blätterteig in den Topf geben und zu einem Bratenteig kneten. *[Stufe 7, 1:30 Minuten]*
10. Blätterteig ausrollen. Aus dem Teig mit den Händen einen Braten formen, auf den Blätterteig legen und Lauch darauf verteilen.
11. Blätterteig schließen und mit Pflanzenmilch bepinseln.
12. Braten für ca. 20 Minuten backen.
13. Währenddessen Topf mit Wasser füllen und grob reinigen. *[Stufe 7, 20 Sekunden]* Wasser ausschütten.
14. Pilze in Scheiben schneiden und zugeben. Misch-/Rühraufsatz einsetzen. Alles andünsten. *[Stufe 1, 4 Minuten, 95°C]*
15. Paprika würfeln. Alles außer Pflanzenmilch in den Topf geben und köcheln lassen. Zwiebeln und Knoblauch nicht vergessen! *[Stufe 2, 95°C, 10 Minuten; dann Stufe 2, 85°C, 25 Minuten]*
16. Universalmesser einsetzen. Pflanzenmilch zugeben und Soßenprogramm starten.
17. Würzen und kurz alles pürieren. *[Stufe 12, 50 Sekunden]*

Je nach Ofen benötigt der Braten länger. Er sollte so lange gebacken werden, bis die Oberfläche leicht gebräunt ist.

Bami Goreng

200g dünne Spaghetti
1 Zucchini
2 Karotten
1 kleine Zwiebel
2 Knoblauchzehen
60ml Gemüsebrühe
2 TL Rohrzucker
2 TL Sojasoße
1 Lauchzwiebel
1 TL Ingwerpulver
Chili
Rapsöl

1. **Misch-/Rühraufsatz** einsetzen. Spaghetti nach Packungsanleitung kochen. *[Stufe 1, Kochzeit + 1:30 Minuten, ohne Stopfen]*
2. Gemüse schälen, Zwiebel achteln.
3. **Universalmesser** einsetzen. Zwiebel und Knoblauch zugeben und zerkleinern, *[Stufe 12, 10 Sekunden]*
4. **Schnitzelwerk Scheibe C** einsetzen. Zucchini und Karotte raspeln. *[Stufe 10]*
5. Misch-/Rühraufsatz einsetzen. Öl, Zucker, Ingwerpulver und Gemüsebrühe hinzugeben und andünsten. *[Garen P1]*
6. Lauchzwiebel in Ringe schneiden.
7. Sojasoße, Hälfte der Lauchzwiebeln und Wasser hinzugeben. Köcheln lassen. *[Stufe 3, 95°C, 3 Minuten]*
8. Nudeln und Chili zugeben. Kurz mit köcheln lassen. *[Stufe 1, 95°C, 3 Minuten]*
9. Servieren und mit Lauchzwiebeln bestreuen.

Paprikaletscho mit Kohlrabischnitzel

1 rote Paprika
1 gelbe Paprika
1 Zwiebel
125g Cocktailtomaten
75g Tomatenmark
200ml Wasser (Letscho)
3 El Wasser (Panade)
3 EL Rapsöl
1 EL Mehl
Paniermehl
1 TL Zucker
Salz
Pfeffer
Paprika rosenscharf
Paprikapulver geräuchert (optional)

1. Kohlrabi schälen und in ca. 0,5cm dicke Scheiben schneiden.
2. 0,7l Wasser in den Mixtopf füllen. Kohlrabi in den **Dünstkorb** geben, einsetzen und garen. *[100°C, 8 Minuten]*
3. In der Zwischenzeit Gemüse für das Letscho vorbereiten: Zwiebel schälen und achteln, Paprika würfeln, Tomaten vierteln.
4. Garkorb entnehmen, Wasser ausschütten
5. **Universalmesser** einsetzen, Zwiebel zugeben und grob zerkleinern. *[Impuls, 5 Sekunden]*
6. *Misch-/Rühraufsatz* einsetzen. Zwiebeln runter schieben, 1 EL Öl zugeben und glasig dünsten. *[Garen P1]*
7. Paprika zugeben und andünsten. *[Stufe 1, 95°C, 2:30 Minuten]*
8. Tomatenmark, 200ml Wasser und Gewürze zugeben. Kurz aufkochen. *[Stufe 3, 110°C, 5 Minuten, Stopfen auf Max]*
9. Panade für die Kohlrabi-Schnitzel vorbereiten: in einem tiefen Teller Mehl mit Wasser verrühren, mit Paprika rosenscharf, Salz und Pfeffer würzen. Paniermehl in einen zweiten tiefen Teller geben.

10. Kohlrabi erst durch die Mehl-Wasser-Mischung, dann durch das Paniermehl ziehen.
11. Paprika zwischenzeitlich weich köcheln lassen. *[Stufe 3, 95°C, 10 Minuten, Stopfen auf Maxi]*
12. Tomate ca. 2 Minuten vor Ende des Programms zugeben.
13. Öl in eine **Pfanne** geben und Kohlrabischnizel bei mittlerer Temperatur kross anbraten.

Tandoori-Marsala-Curry

5 Champignons
2 Karotten
½ Zucchini
½ Aubergine
1 Zwiebel
1 Knoblauchzehe
300g Kokosmilch
1 TL Kokosöl
2 TL Tandoori Marsala Gewürz
2 EL Tomatenmark
1 TL Currypulver
Salz
Chili

1. Zwiebel schälen und achteln. Knoblauch schälen. Restliches Gemüse waschen und würfeln.
2. **Universalmesser** einsetzen. Zwiebel und Knoblauch hacken. *[Stufe 12, 10 Sekunden]*
3. **Misch-/Rühraufsatz** einsetzen. Öl und restliches Gemüse zugeben und andünsten. *[Stufe 3, 100°C, 5 Minuten]*
4. Restliche Zutaten zugeben und ohne Stopfen köcheln lassen. *[Stufe 1, 95°C, 20 Minuten]*

Das Gemüse kann beliebig ausgetauscht werden. Z.B. Paprika schmecken auch ganz hervorragend im Curry.

Massaman-Curry

3 TL Massaman-Currypaste
300ml Kokosmilch
3-4 Kartoffeln
2 Karotten
4 Champignons
3 Kaffirlimetten Blätter
2 Sternanis
Zimt
Salz
Erdnüsse

1. Gemüse putzen und würfeln.
2. Misch-/Rühraufsatz einsetzen. Currypaste zugeben, Garen P2, 25 Minuten starten (ohne Stopfen)
3. Nach 1 Minute 4 EL vom festen Teil der Kokosmilch zugeben
4. Nach 1 weiteren Minute Gemüse hinzugeben
5. Nach weiteren 5 Minuten restliche Kokosmilch, Limettenblätter, Sternanis, Zimt und Salz zugeben.
6. Nach Ablauf des Programms auf Teller verteilen und Erdnüsse darüber streuen.

Je nach Currypaste ist sie schärfer oder auch weniger scharf. Die Menge der Paste kann man dem eigenen Geschmack anpassen.
Zum Curry Reis servieren oder es pur essen.

S. 55

S. 56

S. 58

S. 59

S. 60

S. 62

S. 63

S. 64

Pizzabrötchen

500g Gemüse (Zucchini, Paprika, Champignons)
½ Zwiebel
1 Knoblauchzehe
3 Brötchen
2 EL Margarine
2 EL Mehl
4 EL Hefeflocken (oder 1 Handvoll veganen Reibekäse)
4 EL Tomatenmark
1 TL Zitronensaft
200ml Wasser
Pfeffer
Salz
Chili
Pizzagewürz

1. Zwiebel schälen und vierteln. Knoblauch schälen. Restliches Gemüse waschen und würfeln.
2. **Universalmesser** einsetzen. Zwiebel und Knoblauch zugeben und zerkleinern. *[Stufe 12, 10 Sekunden]*
3. **Misch-/Rühraufsatz** einsetzen. Margarine zugeben und schmelzen. *[Stufe 3, 100°C, 2 Minuten]*
4. Mehl zugeben und einrühren. *[Stufe 3, 100°C, 2 Minuten]*
5. Hefeflocken, Tomatenmark, Zitronensaft, Wasser und Gewürze zugeben. Verrühren. *[Stufe 3, 100°C, 2 Minuten]*
6. **Ofen** auf 180°C vorheizen.
7. Gemüse in den Topf geben und mitkochen. *[Stufe 6, 90°C, 4 Minuten]*
8. Brötchen halbieren. Masse auf den Brötchenhälften verteilen.
9. Für 15-20 Minuten backen.

 Statt Brötchen können auch Brotscheiben verwendet werden.

Gnocchi-Auflauf

500g Gnocchi
8 Champignons
125g Räuchertofu
125g Cocktailtomaten
1 Zwiebel
1 Knoblauchzehe
3 EL Tomatenmark
1 EL Mehl
250ml Soja Cuisine
1 TL Pizzakräuter
Salz
Pfeffer
Öl
Ggf. Hefeschmelz oder veganen Reibekäse zum Überbacken

1. Zwiebel und Knoblauch schälen, Zwiebel vierteln.
2. **Universalmesser** einsetzen. Zwiebel und Knoblauch zugeben und zerkleinern. *[Stufe 12, 10 Sekunden]*
3. Pilze putzen und in Scheiben schneiden.
4. **Misch-/Rühraufsatz** einsetzen. Pilze und etwas Öl zugeben und andünsten. *[Garen P1]*
5. Tofu in kleine Würfel schneiden (Kantenlänge ca. ½ cm).
6. Tomatenmark und Soja Cuisine in den Mixtopf geben.
7. Gnocchi in den **Dünstkorb** geben. Kurz unter fließendes Wasser halten und einsetzen. Erhitzen. *[Garen P1, Stopfen auf Maxi]*
8. Tofu und Öl in eine **Pfanne** geben und auf höchster Stufe scharf anbraten.
9. Währenddessen Tomaten halbieren
10. Nach Ablauf des Programmes Tomaten, Tofu, Mehl und Gewürze in den Mixtopf geben. Gnocchi erneut unter fließendes Wasser halten, kurz durchspülen und Korb wieder hineinstellen. Erneut erhitzen. *[Stufe 3, 95°C, 10 Minuten, Stopfen auf Maxi]*
11. **Ofen** auf 200°C vorheizen.

12. Gnocchi in eine Auflaufform geben, Soße darüber gießen. Leicht vermischen.
13. Bei Bedarf Hefeschmelz herstellen und darauf verteilen oder veganen Käse darüber streuen.
14. 25 Minuten backen.

Wenn die Gnocchi aus der Frischetheke verwendet bzw. selbst hergestellt und vorgekocht werden, müssen sie nicht mehr gedämpft werden, sondern können direkt in die Auflaufform gegeben werden.

Quinoa-Paella

1 Zwiebel
2 Knoblauchzehen
5 Champignons
2 Karotten
1 rote Paprika
3 EL Rapsöl
170g Quinoa
75 ml Weißwein (oder Gemüsebrühe)
500ml Gemüsebrühe
2TL Kurkuma
1TL Paprika rosenscharf
Salz
Pfeffer
Chili
Cayennepfeffer

1. Zwiebeln schälen und achteln. Knoblauch schälen. Champignons, Paprika und Karotten putzen und würfeln.
2. **Universalmesser** einsetzen. Zwiebel und Knoblauch zugeben und zerkleinern. *[Stufe 12, 10 Sekunden]*
3. **Misch-/Rühraufsatz** einsetzen. Pilze, Karotten und Öl zugeben und andünsten. *[Garen P1, 10 Minuten]*
4. Quinoa und Weißwein zugeben und mit garen. *[Garen P1]*
5. Paprika, Gemüsebrühe und Gewürze zugeben und mitkochen. *[Garen P3, 25 Minuten]*

Für ein typischeres Paella kann man auch Risottoreis nutzen. Mit Basmatireis funktioniert es ebenso.
Wer mag, kann in Schritt 7 zusätzlich Erbsen oder Kichererbsen zugeben.

Grünkern-Bratlinge

100g Grünkernschrot
50g Sonnenblumenkerne
50g Haferflocken
2 Zwiebeln
1 Zehe Knoblauch
300ml Gemüsebrühe
2 EL Mehl
2 EL Tomatenmark
1 TL Salz
2 TL Currypulver
Öl

1. Zwiebeln und Knoblauch schälen. Zwiebeln achteln.
2. **Universalmesser** einsetzen. Zwiebeln und Knoblauch zugeben und grob hacken. *[Stufe 12, 10 Sekunden]*
3. In eine Schüssel geben.
4. **Misch-/Rühraufsatz** einsetzen. Grünkern und Sonnenblumenkerne zugeben und kurz anbraten. *[Garen P1]*
5. Haferflocken, Tomatenmark und Gemüsebrühe zugeben. Köcheln lassen. *[Stufe 4, 100°C, 2:30 Minuten]*
6. Unter Rühren ziehen lassen. *[Stufe 4, 30°C, 10 Minuten]*
7. Zwiebeln, Knoblauch und Mehl zugeben und unterrühren. *[Stufe 8, 15 Sekunden]*
8. Öl in einer **Pfanne** erhitzen. Teig häufchenweise hineingeben. Mit einem Löffel Buletten formen. Bei mittlerer Hitze beidseitig gut anbraten.

Die Konsistenz verändert sich, wenn die Zwiebeln per Hand geschnitten werden. Die Bratlinge werden dann etwas fester.

Cevapcici an Djuvek-Risotto

150g Reis, gekocht
150g Risottoreis
200g Haferflocken
2 Zwiebel
1 Knoblauchzehe
1 kleine Karotte
1½ rote Paprika
3 Champignons
200g passierte Tomaten
100g Tiefkühl-Erbsen
100ml Bier
30 ml Weißwein
250ml Gemüsebrühe
2 EL Tomatenmark
½ TL Paprika rosenscharf
Pizzagewürz
1 TL Cayennepfeffer
Salz
Pfeffer
Rapsöl

1. Zwiebeln schälen und achteln. Knoblauch schälen. Karotte schälen und grob zerkleinern.
2. **Universalmesser** einsetzen. Zwiebeln zerkleinern. *[Stufe 12, 5 Sekunden]*.
3. ⅔ der Zwiebeln entnehmen und beiseite stellen. Knoblauch und Karotte zugeben und grob hacken. *[Stufe 12, 5 Sekunden]*
4. Karotte, ½ Paprika und Champignons putzen und grob würfeln.
5. Etwas Öl zugeben. Gewürfeltes Gemüse zugeben und alles andünsten *[Stufe 1, 100°C, 5 Minuten]*
6. Bier, Tomatenmark, Paprika rosenscharf, Pizzagewürz, Cayennepfeffer, Salz, Pfeffer und Tomatenmark zugeben. Kurz köcheln lassen. *[Stufe 5, 100°C, 5 Minuten]*

7. Alles zu einer groben Paste pürieren, zwischendurch runterschieben. *[Impuls, 20 Sekunden]*.
8. **Misch-/Rühraufsatz** einsetzen. Reis und Haferflocken zugeben und vermischen. *[Stufe 5, 1 Minute]*
9. Mischung entnehmen. Restliche Paprika waschen und achteln.
10. Universalmesser einsetzen. Paprika in den Mixtopf geben und zerkleinern. *[Impuls, ca. 15 Sekunden]*
11. Misch-/Rühraufsatz einsetzen. Zwiebeln und etwas Öl zugeben. Andünsten. *[Garen P1, 3 Minuten]*
12. Risottoreis zugeben und anbraten. *[Garen P1, 3 Minuten]*
13. Mit Weißwein ablöschen. Gemüsebrühe und passierte Tomaten zugeben und mitköcheln. *[Garen P3, ohne Stopfen]*
14. Aus der Masse von Schritt 8 Röllchen in Form und Größe von Cevapcici formen. Langsam von allen Seiten in einer **Pfanne** in Öl ausbraten.
15. 10 Minuten vor Ende des Garprogramms Erbsen zum Reis zugeben. Würzen mit Salz, Pfeffer und Pizzagewürz.

Falls der Reis zuvor frisch gekocht werden muss, 75g ungekochten Reis verwenden.

Spargel mit Gemüse und Sauce Hollandaise

500g Spargel
6 Kartoffeln
4 Karotten
250g Röschen von Romanesco oder Brokkoli
0,8l Gemüsebrühe
5 EL Margarine
1 EL Mehl
200ml Soja Cuisine
20ml Weißwein
1 TL Zitronensaft
Muskat
1 Msp. Kurkuma
Salz
Pfeffer
Pizzakräuter

1. Spargel schälen. Karotten schälen und vierteln. Alles im **Dampfgaraufsatz** verteilen.
2. Kartoffeln schälen und würfeln, in den **Dämpfeinsatz** geben.
3. Gemüsebrühe in den Mixtopf geben. Korb hineinstellen und Dampfgaraufsatz aufbauen. Garen. *[Dampfgaren P2]*
4. Romanesco/Brokkoli waschen und in Röschen zerteilen. 15 Minuten vor Ende des Programms zum Spargel und den Karotten legen.
5. Nach Ablauf des Programms das Gemüse entnehmen und warmhalten. Die Brühe umfüllen.
6. **Misch-/Rühraufsatz** einsetzen. 2 EL Margarine zugeben und erhitzen. *[Stufe 4, 90°C, 30 Sekunden]*
7. Mit Soja Cuisine, Weißwein und Zitronensaft aufgießen und sparsam würzen. Etwas von der Brühe zugeben und köcheln. *[Stufe 6, 80°C, 5 Minuten]*
8. Sauce abschmecken und ggf. nachwürzen.

Süßkartoffel-Lauch-Tarte

400g Kartoffeln
200g Süßkartoffeln
1 Stange Lauch
3 Knoblauchzehen
4 EL Olivenöl
Muskat
Salz
Pfeffer
Kräuter

1. Kartoffeln, Süßkartoffeln und Knoblauch schälen, Lauch waschen.
2. **Schnitzelwerk** mit Scheibe H einsetzen. Süßkartoffeln und Kartoffeln in Scheiben schneiden. *[Stufe 10]*
3. Kartoffeln und Süßkartoffeln entnehmen und bei Seite stellen.
4. Knoblauch und Lauch ebenfalls mit dem Schnitzelwerk in Scheiben schneiden. *[Stufe 10]*
5. **Misch-/Rühreinsatz** einsetzen. 1 EL Öl und Gewürze zugeben, Lauch anbraten. *[Garen P1]*
6. **Ofen** auf 200°C, Ober-/Unterhitze vorheizen.
7. Kartoffelscheiben leicht überlappend kreisförmig in eine **26cm Springform** schichten. Mit Salz und Pfeffer würzen.
8. Mit etwas Olivenöl bestreichen und eine Schicht Lauch darauf geben.
9. Schritt 6 und 7 wiederholen (abwechselnd Kartoffeln und Süßkartoffeln nutzen) und mit einer Schicht von Kartoffeln oder Süßkartoffeln abschließen. Würzen.
10. 50 Minuten backen.

Kräftig würzen! Wenn Kartoffeln über bleiben, restliche Kartoffeln mit Öl für kürzer in den Ofen.

Ratatoille

1 kleine Zucchini
⅔ Aubergine
3 Champignons
1½ Tomaten
½ Zwiebel
1 Knoblauchzehe
150g gehackte Tomaten
50ml Gemüsebrühe
½ EL Apfelessig
Salz
Pfeffer
Chili
Paprika
Oregano
Basilikum
Pinienkerne

1. **Universalmesser** einsetzen. Knoblauch schälen, hineingeben und zerkleinern. *[Stufe 12, 5 Sekunden]*
2. Zwiebel schälen und halbieren, restliches Gemüse waschen/putzen und längs halbieren.
3. **Schnitzelwerk** mit Scheibe H einsetzen und Gemüse in Scheiben schneiden. *[Stufe 10]*
4. **Misch-/Rühraufsatz** einsetzen. 50g gehackte Tomaten zugeben und alles unter Rühren anbraten. *[Garen P1]*
5. Restliche gehackte Tomaten, Gemüsebrühe, Essig und etwas Chili zugeben. Köcheln lassen. *[Garen P2, 15 Minuten, ohne Stopfen]*
6. 2 Minuten vor Ende des Programms gehacktes Basilikum und Oregano zugeben. Mit Salz, Pfeffer und Paprika würzen.
7. Servieren und mit Pinienkernen bestreuen.

66

S. 67

S. 69

70

S. 71

S. 72

S. 73

S. 74

Tomaten-Risotto

1 Frühlingszwiebel
1 Fleischtomate
½ Zucchini
150g Risottoreis
450ml Gemüsebrühe
50ml Weißwein
1 EL Öl
1½ EL Hefeflocken
1 EL Margarine
Salz
Pfeffer
Paprika rosenscharf

1. Gemüse würfeln. Gemüsebrühe erhitzen.
2. **Misch-/Rühraufsatz** einsetzen. Öl, Frühlingszwiebel und Zucchini zugeben und anschwitzen. *[Garen P1, 10 Minuten]*
3. Nach 5 Minuten den Reis zugeben.
4. Wenn nur noch 1:30 Minuten verbleiben, mit dem Wein ablöschen.
5. Gemüsebrühe und Hefeflocken zugeben und alles zusammen köcheln lassen. *[Garen P3, Stopfen auf Maxi]*
6. 5 Minuten vor Ende des Programms die Tomatenwürfel zugeben.
7. Würzen und Margarine einrühren. *(Stufe 5, 30 Sekunden]*

Sardische Gnocchetti

200g Gnocchetti
100g Tofu
½ Zwiebel
1 Zehe Knoblauch
400g gehackte Tomaten
100g Tomatenmark
1 Lorbeerblatt
Basilikum
Salz
Pfeffer
Rauchsalz (optional)
Öl

1. **Universalmesser** einsetzen. Tofu grob zerbrechen und in den Topf geben. Zerkleinern. *[Stufe 10, 20 Sekunden]*
2. Öl in der **Pfanne** erhitzen. Tofu hinzugeben und auf hoher Hitze scharf anbraten.
3. In der Zwischenzeit die Zwiebel und den Knoblauch schälen und in den Mixtopf geben. Zerkleinern. *[Impuls, 10 Sekunden]*
4. Wenn der Tofu leicht kross ist, Hitze reduzieren und Zwiebel sowie Knoblauch zugeben. Glasig dünsten.
5. Tomaten und Lorbeerblatt zufügen. Mindestens 15 Minuten köcheln lassen.
6. Währenddessen **Misch-/Rühraufsatz** einsetzen und Gnocchetti zugeben. Mit kochendem Salzwasser auffüllen und kochen. *[Stufe 1, 95°C, Zeit nach Packungsanleitung]*
7. Gnocchetti und Tomatenmark in die Pfanne rühren, weitere 5 Minuten köcheln lassen. Würzen.

Viel gerührt werden muss nicht. Wer jedoch nicht den Herd beaufsichtigen möchte, kann zunächst die Nudeln kochen und dann alle weiteren Schritte in der Preppi machen, mit dem Misch-Rühraufsatz bei Stufe 1 und 95°C. Lediglich der Tofu benötigt eine höhere Temperatur, sodass er in der Pfanne angebraten werden sollte.

Gnocchetti sind kleine italienische Nudeln, die nach dem Kochen noch al dente sein sollten. In Deutschland sind sie nur in wenigen Supermärkten erhältlich. Alternativ geht es auch mit anderen Nudeln, z.B. Mini-Farfalle.

Kartoffelpuffer

800g Kartoffeln
½ Zwiebel
1 EL Mehl
1 TL Salz
Prise Muskat
Öl

1. Zwiebel schälen.
2. **Schnitzelwerk Scheibe A** einsetzen, Zwiebel und Kartoffel reiben. *[Stufe 10]*
3. Die Kartoffelschalen, welche auf der Scheibe legen, entnehmen. Geriebene Kartoffeln in ein Sieb geben und über einer Schale leicht ausdrücken.
4. Zurück in den Mixtopf geben, Mehl, Muskat und Salz zugeben.
5. Wasser aus der Schüssel ausschütten, Stärke zurück zu den Kartoffeln geben.
6. Mit einem Löffel oder den Händen vermischen. 10 Minuten stehen lassen.
7. In einer **Pfanne** Öl erhitzen und Kartoffelpuffer darin ausbacken.

Die Kartoffeln müssen nur geschält werden, wenn die Schale sehr dick oder rau ist.

Gemüse mit Spinatcreme vom Grill

8 Champignons
2 Tomaten
6 Würfel gefrorener Spinat
6 getrocknete Tomaten
4 EL Creme Vega
Salz
Pfeffer
Zimt

1. **Universalmesser** einsetzen. Den Spinat im Mixtopf auftauen *[Stufe 1, 70°C, 10 Minuten]*
2. In der Zwischenzeit dir restlichen Zutaten vorbereiten: Champignons putzen und Stiele entfernen, einen „Deckel" von den Tomaten abschneiden und sie aushöhlen. Fruchtfleisch beiseite stellen.
3. Getrocknete Tomaten würfeln und in den Mixtopf geben. Creme Vega, Gewürze und Fruchtfleisch der Tomaten zugeben und vermischen. *[Stufe 12, 20 Sekunden]*
4. Tomaten und Champignons mit der Mischung füllen. Auf dem Grill erhitzen, bis die Füllung köchelt.

Sri Lanka Cashew Curry

125g Cashews
300ml Kokosmilch
¼ Zwiebel
1 TL Currypulver
Kurkuma
Cayennepfeffer
Koriander (gemahlen)
1 Lorbeerblatt
Salz
1 EL Öl

1. Wasser kochen und die Cashews für 1 Stunde einweichen.
2. **Universalmesser** einsetzen. Zwiebel schälen, achteln und zugeben. Grob zerkleinern. *[Impuls, 5 Sekunden]*
3. **Misch-/Rühraufsatz** einsetzen. Öl und Lorbeerblatt zugeben und glasig dünsten. *[Garen P1, 4 Minuten]*
4. Alle restlichen Zutaten zugeben und bei geringer Hitze köcheln lassen. *[Stufe 1, 95°C, 45 Minuten]*

 Wer möchte, kann noch eine Hand voll gefrorene Erbsen hinzufügen.

Kartoffelgulasch

1 Zwiebel
550g Kartoffeln
250g Buschbohnen
400g gehackte Tomaten
500ml Wasser
2 EL Tomatenmark
1 EL Rapsöl
Salz
Pfeffer
Paprika rosenscharf

1. Zwiebel schälen und achteln. **Universalmesser** einsetzen, Zwiebel zugeben und verkleinern. *[Impuls, 5 Sekunden]*
2. Kartoffeln schälen und würfeln (1cm Kantenlänge).
3. **Misch-/Rühreinsatz** einsetzen. Zwiebeln nach unten schieben, Kartoffeln, Tomatenmark und Öl zugeben. Andünsten. *[Garen P1]*
4. Gehackte Tomaten und Wasser zugeben. Kurz köcheln lassen. *[Garen P2, 10 Minuten]*
5. In der Zwischenzeit die Bohnen putzen und in ca. 2cm lange Stücke schneiden.
6. Die Bohnen zugeben und alles köcheln lassen, bis die Kartoffeln und Bohnen weich sind. *[Stufe 1, 95°C, 40 Minuten, Stopfen auf Mini]*
7. Würzen.

Gefüllte Zucchini

120g Amaranth
1 EL Sojasoße
2 Zucchini
1 Zwiebel
1 EL Öl
200g Tomatenmark
60ml Wein (optional)
2 EL Hefeflocken
Salz
Pfeffer
Oregano
Rosmarin
Basilikum
Zimt

1. Amaranth mit 400ml Wasser und Sojasoße in den Mixtopf geben und garkochen. *[100°C, 15 Minuten]*
2. Währenddessen die Zucchinis halbieren und aushöhlen. Füllung beiseite legen.
3. Amaranth entnehmen. **Universalmesser** einsetzen. Zwiebel schälen, achteln und im Mixtopf zerkleinern. *[Stufe 10, 10 Sekunden]*
4. **Misch-/Rühraufsatz** einsetzen. Das Innere der Zucchini und Öl zugeben und glasig dünsten. *[Garen P1]*
5. Wein, Amaranth, Tomatenmark und Gewürze zugeben. Anbraten. *[Garen P1, ohne Stopfen]*
6. In die Zucchinis füllen und bei 200°C ca. 15 Minuten lang backen.

Shepherd's Pie

1kg Kartoffeln, festkochend
50g vegane Butter
200ml Mandelmilch
600g Kidneybohnen, gekocht
40g gehackte Tomaten
4 Champignons
Olivenöl
Salz
Pfeffer
Rauchsalz
Muskatnuss

1. Kartoffeln in den **Dampfgaraufsatz** geben und weich garen. *[Dampfgaren P2]*
2. Währenddessen die Kidneybohnen in eine **Pfanne** geben und in ein wenig Öl bei hoher Hitze und gelegentlichem Rühren anbraten, bis sie ganz trocken und krümelig sind.
3. Pilze in kleine Würfel schneiden. In die Pfanne geben und bei mittlerer Hitze anbraten.
4. Tomaten zugeben. Vermischen und garen, bis das Wasser verdunstet ist. Würzen mit Salz, Pfeffer und Rauchsalz.
5. **Ofen** auf 200°C vorheizen.
6. Das Wasser aus dem Mixtopf abgießen. **Schlag-/Rühraufsatz** einsetzen und Kartoffeln, Butter, Mandelmilch, etwas Salz und Muskatnuss zugeben. Pürieren. *[Stufe 6, 1 Minute]*
7. Kidneybohnen-Mischung in eine Auflaufform geben. Kartoffelbrei darüber verteilen und glattstreichen. Ein wenig gutes Olivenöl darüber träufeln und für 20 Minuten backen.

Falls Kartoffelbrei übrigbleiben sollte, kann man ihn mit Hilfe einer Spritztülle auf Backpapier aufspritzen und als Herzoginnenkartoffeln backen.

Kuchen & Kaffee-teilchen

76

S. 77

78

S. 79

80

S. 81

S. 83

Faule-Weiber-Kuchen

Boden
300g Mehl
120g Margarine
65g Zucker
1 Päckchen Backpulver
70ml Wasser

Füllung
1kg Sojajoghurt Vanille
60g Puddingpulver Vanille
150g Margarine
70g Zucker
1 kleine Dose Mandarinen

1. **Backofen** auf 180°C vorheizen.
2. **Knet-/Mahlmesser** einsetzen. Margarine für den Boden zugeben und weich rühren. *[Stufe 6, 20 Sekunden]*
3. Restliche Zutaten für den Boden zugeben und verkneten. *[Stufe 6, 40 Sekunden]*
4. **26cm Springform** einfetten. Teig auf dem Boden verteilen und Rand hochziehen.
5. Margarine für die Füllung schmelzen. *[Stufe 1, 60°C, 2 Minuten]*
6. Joghurt, Puddingpulver und Zucker zugeben und vermischen. *[Stufe 7, 1 Minute]*
7. Füllung auf den Boden gießen. Mandarinen auf dem Kuchen verteilen.
8. Kuchen in den Ofen schieben.
9. Nach 30 Minuten Kuchen vorsichtig auf die untere Schiene stellen, damit er nicht verbrennt. Weitere 30 Minuten backen.
10. Kuchen aus dem Ofen nehmen und abkühlen lassen. Sobald er nur noch handwarm ist, für mindestens 3 Stunden in den Kühlschrank stellen.

Nach der Backzeit ist der Kuchen noch relativ flüssig, was aber normal ist. Mit dem Abkühlen wird er dann fest.

Zebra-Käsekuchen

Boden
Siehe Faule-Weiber-Kuchen

Füllung
1kg Sojajoghurt Vanille
30g Puddingpulver Vanille
30g Puddingpulver Schokolade
150g Margarine
70g Zucker
4 EL Backkakao

1. **Ofen** auf 180°C vorheizen.
2. **Knet-/Mahlmesser** einsetzen. Margarine für den Boden zugeben und weich rühren. *[Stufe 6, 20 Sekunden]*
3. Restliche Zutaten für den Boden zugeben und verkneten. *[Stufe 6, 40 Sekunden]*
4. **26cm Springform** einfetten. Teig auf dem Boden verteilen und einen Rand hochziehen.
5. Die Hälfte der Margarine für die Füllung schmelzen. *[Stufe 1, 60°C, 2 Minuten]*
6. Puddingpulver Vanille, 35g Zucker, und 500g Sojajoghurt zugeben und vermischen. *[Stufe 7, 1 Minute]*
7. In eine Schüssel umfüllen. Schritt 15 und 16 mit den restlichen Zutaten wiederholen.
8. Abwechselnd 2 EL von der hellen und von der dunklen Füllung in die Mitte der Springform geben. Dadurch entsteht das Streifen-Muster.
9. Kuchen in den Ofen schieben.
10. Nach 30 Minuten Kuchen vorsichtig auf die untere Schiene stellen, damit er nicht verbrennt. Weitere 30 Minuten backen.
11. Kuchen aus dem Ofen nehmen und abkühlen lassen. Sobald er nur noch handwarm ist, für mindestens 3 Stunden in den Kühlschrank stellen.

Rhabarber-Bananen-Streuselkuchen

460g Mehl
220g Margarine
210g Zucker
1 Banane
500g Rhabarber
1 Apfel (optional)
1 EL Zitronensaft
30ml Reismilch
3 TL Backpulver
1 Prise Salz
½ TL Zimt

1. **Knet-/Mahlmesser** einsetzen. Banane in Stücke brechen, zusammen mit 150g Margarine und 140g Zucker in den Mixtopf geben. Zu einer homogenen Masse vermischen. *[Stufe 8, 30 Sekunden]*
2. Reismilch, Zitronensaft, Salz, Backpulver und 360g Mehl zugeben und zu einem Teig verrühren. *[Stufe 5, 30 Sekunden]*
3. Kuchenblech einfetten oder mit Backpapier belegen. Den Teig darauf verteilen.
4. Rhabarberstangen und Apfel waschen und schälen. Rhabarber in mundgerechte Stücke, Apfel in kleine Würfel schneiden.
5. Rhabarber und Apfel gleichmäßig auf dem Kuchen verteilen.
6. **Backofen** auf 200°C vorheizen.
7. 70g Margarine in den Mixtopf geben, schmelzen. *[Stufe 5, 50°C, 30 Sekunden]*
8. Restliche Zutaten zugeben und vermischen. *[Stufe 5, 25 Sekunden]*
9. Die Streusel kurz von Hand verkneten, dann über dem Obst verteilen.
10. Den Kuchen ca. 30 Minuten lang auf Ober-/Unterhitze backen.

Statt dem Apfel schmecken auch Erdbeeren hervorragend.
Wenn gerade keine Rhabarber-Zeit ist, kann man den Kuchen auch als Beeren-Kuchen backen. Generell schmeckt er mit so ziemlich jedem Obst.

Gefüllte Heferöllchen

550g Mehl
280g Reismilch
90g Margarine
70g Zucker
25g Frischhefe / 11-12g Trockenhefe
1 EL Seitanfix
½ TL Salz

Füllung: Marmelade, Marmelade/Preiselbeeren/Zucker, Marmelade/Erdnussbutter, Spekulatiuscreme

1. **Knet-/Mahlmesser** einsetzen. Milch, Hefe, etwas Zucker zugeben und vermischen, *[Stufe 3, 30°C, 30 Sekunden]*
2. Alles außer Seitanfix zugeben und vermischen. *[Teig P1]*
3. Nach 1:30 Minuten Seitanfix zugeben.
4. Nachdem Piepen das Messer entnehmen, Teig zu einer Kugel formen und zurücklegen. Das Programm fortsetzen.
5. Arbeitsfläche mit Mehl betäuben, Teig leicht andrücken in eine runde Form
6. In 12 oder mehr Stücke teilen, zu Kugeln formen, 5-10 Minuten abgedeckt stehen lassen.
7. Auf bemehlter Fläche dünn ausrollen, einen Klecks Füllung darauf geben. Seiten einklappen und aufrollen
8. Auf ein Backbleck geben, mit Wasser bepinseln und zugedeckt 45 Minuten gehen lassen.
9. Mit Pflanzenmilch bestreichen
10. **Ofen** auf 180°C vorheizen.
11. 18-20 Minuten bei Ober-/Unterhitze backen, bis sie goldbraun sind.
12. Mit Margarine bestreichen und mit Puderzucker bestreuen.

Zitronenkuchen

300g Mehl
130ml Öl (geschmacksneutral)
250ml Pflanzenmilch
30ml + 2 EL Zitronensaft
200g Zucker
1 Päckchen Backpulver
1 TL Sojamehl (optional)
5 EL Puderzucker

1. **Ofen** auf 180°C vorheizen
2. **Knet-/Mahlmesser** einsetzen. Alle Zutaten außer Puderzucker und 2 EL Zitronensaft zugeben. Verkneten. *[Teig 3]*.
3. Nach 1 Minute das Programm abbrechen. **Kastenform oder Gugelhupf-Form** einfetten und den Teig hineingeben.
4. 45-50 Minuten bei Heißluft backen.
5. Kuchen kurz abkühlen lassen und dann aus der Form nehmen.
6. Puderzucker mit Zitronensaft vermischen, auf den Kuchen streichen. Bei Bedarf mehr von der Glasur anrühren.

Mit kandierter Zitrone dekorieren.

Kirsch-Marmorkuchen

400g Mehl
200g Margarine
210g Zucker
100g Kokoscreme (fester Teil aus einer Dose Kokosmilch)
70ml Kokosmilch
120ml Reismilch
40g Backkakao
1 TL Zitronensaft
1 Packung Backpulver
1½ EL Sojamehl (optional)
½ Glas Sauerkirschen
1 Prise Salz
1 Packung Zartbitter-Kuvertüre
1 Packung Haselnusskrokant

1. **Ofen** auf 200°C, Ober-Unterhitze vorheizen.
2. **Knet-/Mahlmesser** einsetzen. Margarine, 200g Zucker, Kokoscreme und Zitronensaft zugeben und vermischen. *[Stufe 6, 30 Sekunden]*
3. Salz, Kokosmilch, Sojamehl und 80ml Reismilch zugeben. Vermischen. *[Stufe 6, 10 Sekunden]*
4. Mehl und Backpulver einkneten. *[Stufe 5, 30 Sekunden]*
5. **Backform** (z.B. Gugelhupf-Form) einfetten und die Hälfte des Teiges hineingeben. Dabei zwischendurch und obendrauf Kirschen verteilen.
6. 10g Zucker, Kakaopulver und 40ml Reismilch zum verbliebenen Teig geben. Vermischen. *[Stufe 5, 30 Sekunden]*
7. Teig in die Kuchenform geben. Ganz leicht mit einem Stäbchen vermischen.
8. Kuchen in den Ofen geben. Nach 30 Minuten die Temperatur auf 180°C reduzieren und weitere 30 Minuten backen.
9. Aus dem Ofen nehmen und leicht auskühlen lassen. Aus der Form nehmen.
10. Im noch warmen Ofen die Kuvertüre in einer hitzefesten Schüssel schmelzen und auf den Kuchen streichen. Mit Haselnusskrokant dekorieren.

Im Sommer die Kokosmilch zuvor in den Kühlschrank stellen, damit sich Kokoscreme und Kokoswasser trennen.

Schoko-Praliné-Tarte

100g Kekse (z.B. Hafercookies mit Schokolade)
30g Margarine
250g Kokosmilch
220g Zartbitterschokolade
2 EL Marmelade (optional)

1. **Knet-/Mahlmesser** einsetzen. Kekse und Margarine zugeben. Zerkleinern und vermischen. *[Stufe 12, 30 Sekunden]*
2. **Springform** (18cm) einfetten. Die Keksmischung auf dem Boden verteilen und festdrücken.
3. Marmelade auf dem Boden verteilen.
4. **Schlag-/Rühraufsatz** einsetzen. Kokosmilch zugeben und unter Rühren erhitzen. *[Stufe 3, 80°C, 5 Minuten]*
5. Schokolade klein brechen und zugeben. 2 Minuten stehen lassen, damit die Schokolade schmilzt.
6. Alles kurz verrühren. *[Stufe 3, 2 Minuten]*
7. Die Füllung in die Springform füllen. Für mindestens 2 Stunden in den Kühlschrank geben, damit die Füllung hart wird.

Dieses Rezept ist auf eine 18cm Form ausgelegt. Wer diese nicht besitzt, kann auch einen einfachen Tortenring nutzen oder eine größere Form nutzen – dafür ⅓ mehr an Zutaten verwenden. Die Tarte ist allerdings sehr mächtig, sodass die kleine Form für 4-6 Personen reichen sollte.

S.86

S.87

Süßspeisen & Desserts

S.89

S.90

S.91

Oreo-Himbeer-Schichtdessert

12 Oreos (+ zusätzliche Oreos zur Deko)
500ml Reismilch
250g Sojajoghurt
1 Packung Puddingpulver Vanille (37g)
60g Zucker
300g Himbeeren, gefroren
50ml Wasser
1 TL Agar Agar
Frische Beeren zur Deko

1. Oreos zerbröseln. Besonders einfach geht das, wenn man mit einem Nudelholz mit Druck darüber rollt.
2. Oreo-Brösel in Gläser oder in eine Glasform geben und andrücken.
3. **Schlag-/Rühraufsatz** einsetzen. Reismilch, Joghurt, Puddingpulver und 35g Zucker zugeben. Gut vermischen. *[Stufe 8, 15 Sekunden]*
4. Pudding kochen. *[Stufe 4, 95°C, 4 Minuten]*
5. Pudding auf die Oreo-Schicht geben.
6. Schlag-/Rühraufsatz entnehmen. Topf kurz durchspülen.
7. **Knet-/Mahlmesser** einsetzen. Himbeeren und Wasser zugeben und zerkleinern. *[Stufe 9, 30 Sekunden]*
8. Himbeeren runterschieben und erwärmen. *[Stufe 2, 95°C, 2:30 Minuten]*
9. Agar Agar und 25g Zucker zugeben. Kurz köcheln, bis es geliert. *[Stufe 6, 95°C, 3 Minuten]*
10. Auf der Puddingschicht verteilen.
11. 1 Stunde kühl stellen. Ggf. mit frischen Beeren oder restlichen Keksen garnieren.

Bei frischen Himbeeren kann Schritt 8 übersprungen werden. Es wird jedoch etwas mehr Wasser benötigt.
Wenn das Dessert früher serviert werden soll, kann die Menge an Agar-Agar erhöht werden, damit die letzte Schicht schneller fest wird.

Blätterteig-Apfelstrudel

1 Packung Blätterteig
5 Äpfel
100g Rosinen
5 EL Margarine
2 EL Zimt
1 EL Zucker
1 Prise Vanille, getrocknet
3 EL Rum, optional

1. **Misch-/Rühraufsatz** einsetzen. Margarine schmelzen *[95°C, 1 Minute]*
2. Zucker, Zimt, Vanille, Rum zugeben und kurz verrühren. *[Stufe 4, 30 Sekunden]*
3. **Schnitzelwerk Scheibe H** einsetzen. Äpfel schälen und in Scheiben schneiden. *[Stufe 10]*
4. Misch-/Rühraufsatz einsetzen. Rosinen zugeben. Alles vermischen und andünsten *[Stufe 1, 85°C, 20 Minuten]*
5. Ofen auf 200°C vorheizen.
6. Blätterteig ausbreiten. Apfelmischung mittig darauf verteilen. Seiten einklappen und andrücken.
7. 25 Minuten backen.

Während der Apfelstrudel backt, die schnelle Vanillesoße zubereiten. Der Topf muss davor nicht gespült werden.

Schnelle Vanillesoße

550ml Reismilch
1 Packung Vanillepudding-Pulver (37g)
10g Zucker

1. **Schlag-/Rühraufsatz** einsetzen und alle Zutaten hineingeben. Kurz vermischen. *[Stufe 6, 15 Sekunden]*
2. Dessertprogramm starten. *[10 Minuten]*

Reisception aka. Reismilch-Milchreis

500ml Reismilch
125g Milchreis
1 Messerspitze Tapiokastärke (optional, gibt mehr Festigkeit)
10g Zucker
1 Prise Salz
Zimt
Mandarinen oder anderes Obst

1. **Misch-/Rühraufsatz** einsetzen. Reismilch, Salz, Zucker, Tapiokastärke vermischen und erhitzen. *[Stufe 3, 8 Minuten, 95°C, ohne Stopfen]*
2. Reis zugeben und köcheln lassen. *[Stufe 1, 95°C, 32 Minuten, ohne Stopfen]*
3. Anrichten. Zimt darüber streuen und Obst dazugeben.

Dampfnudeln

70ml Reismilch
200g Mehl
35g Zucker
⅓ Würfel Frischhefe (~15g)
20g Margarine
1 Prise Salz

1. **Knet-/Mahlmesser** einsetzen. Reismilch, Zucker, Hefe und 30g Mehl zugeben und vermischen. *[Teig P1]*
2. Nach 30 Sekunden restliche Zutaten zugeben und Programm weiterlaufen lassen. Nach dem Piepen sollte ein weicher Teig entstanden sein.
3. Knet-/Mahlmesser entnehmen. Teig zu einer Wurst formen, welche ca. 4x so lang wie breit ist. Mit Mehl bestäuben und zurück in die Schüssel legen. Programm fortsetzen.
4. Teig entnehmen und in 4 Stücke schneiden.
5. **Dampfgaraufsatz** einfetten. Teigstücke zu Kugeln rollen und in den Aufsatz setzen. Zwischen den Kugeln sollten jeweils einige Zentimeter frei sein. Deckel aufsetzen und 25 Minuten gehen lassen.
6. 0,7l Wasser in den Topf geben, Aufsatz mit den Dampfnudeln aufsetzen und dampfgaren. *[Dampfgaren P2, 25 Minuten]*

Sind die Dampfnudeln fertig, Aufsatz abnehmen und verschlossen beiseite stellen. Wasser entleeren und Vanillesoße zubereiten.

Hot Choc

400ml Reismilch
75g Schokolade (70%)
1 gehäufter TL Johannisbrotkernmehl
1 EL Kakaopulver
Zucker nach Geschmack

Topping
1 Birne
4 EL Apfelmus
Zimt
Müsli

1. **Schlag-/Rühraufsatz** einsetzen. Reismilch und Schokolade zugeben. Unter gelegentlichem Rühren langsam erhitzen, bis die Schokolade geschmolzen ist. *[Stufe 1, 75°C, 6 Minuten]*
2. Johannisbrotkernmehl, Kakao und Zucker unterrühren. *[Stufe 6, 15 Sekunden]*
3. Kurz köcheln lassen. *[Stufe 3, 95°C, 5 Minuten]*
4. Birne in Würfel schneiden und auf Schälchen verteilen.
5. Pudding darüber gießen. Je 2 EL Apfelmus dazu geben, mit Zimt würzen und Müsli darüber streuen.

Bei den Toppings kannst du kreativ sein. Sehr lecker schmeckt es auch mit Chili oder Spekulatiusgewürz, Rosinen, sämtlichem Obst, Kokosraspeln, Kakaonibs oder zerkrümelten Keksen.

S.94

S.95

S.96

S.97

S.98

Snacks

Eispralinen

1 Banane, möglichst reif
1 EL Kokosmus
120g Erdnüsse geröstet
4 EL Erdnussbutter
5 Datteln
Kokosöl
Backkakao
Agavendicksaft

1. Banane in grobe Stücke brechen.
2. **Universalmesser** einsetzen. Banane mit Erdnüssen, Kokosmus und 1EL Kokosöl in den Mixtopf geben und glatt pürieren. *[Stufe 10, 2 Minuten]*
3. Bananen-Erdnuss-Püree in Eiswürfelformen (ideal sind Formen aus Silikon) verteilen. Die Formen nur bis zu ⅔ füllen! Für mindestens 2 Stunden einfrieren.
4. Erdnussbutter erhitzen, damit sie flüssig wird. Auf die Formen verteilen.
5. Datteln möglichst klein schneiden und auf die Erdnussbutter-Schicht geben. Erneut für mindestens 2, besser aber 4 Stunden einfrieren.
6. Geschmolzenes Kokosöl und Backkakao im Verhältnis 2:1 mischen und mit Agavendicksaft nach Geschmack süßen.
7. Schokoladen-Mischung auf den Pralinen verteilen oder Pralinen darin baden. Die Schicht wird sehr schnell fest, wenn sie mit den gefrorenen Pralinen in Berührung kommt.
8. Einfrieren oder direkt genießen.

Falls es schneller gehen soll, kann Schritt 4 weggelassen werden. Ohne die Erdnussbutter-Schicht muss die Masse nicht zwischendurch gefroren werden, falls die Schokolade am Ende nur auf der Oberfläche der Pralinen verteilt wird. In dem Fall die Masse am Ende nur einmal gut durchfrieren lassen.
Ein Klecks Ahornsirup pro Praline schmeckt sehr lecker, gefriert allerdings nicht. Beim Lösen der Pralinen aus den Formen vorsichtig sein!

Eisschokolade

200ml Reismilch
90g Schokolade (70%)
1 EL Kakaopulver
Zucker nach Geschmack
2 Bananen
Etwas geschlagene vegane Sahne (optional)

1. Banane in Stücke brechen und für mindestens 3 Stunden einfrieren.
2. **Schlag-/Rühraufsatz** einsetzen. Reismilch, Kakao, Zucker und 35g Schokolade zugeben. Unter gelegentlichem Rühren langsam erhitzen, bis die Schokolade geschmolzen ist. *[Stufe 1, 75°C, 6 Minuten]*
3. In zwei hohe Gläser füllen. Abkühlen lassen und in den Kühlschrank stellen.
4. Wenn der Kakao kalt ist, **Knet-/Mahlmesser** einsetzen. Gefrorene Banane und 40g Schokolade zugeben und zu einer glatten Masse pürieren, wobei kleinere Schokoladen-Stückchen nicht schlimm sind. *[Stufe 12, 60 Sekunden]*
5. Bananenmasse für mindestens 15 Minuten in das Gefrierfach stellen. In der Zwischenzeit die restliche Schokolade hacken.
6. Je die Hälfte der Bananenmasse als Eiskugeln den Kakao geben. Mit Schlagsahne und gehackter Schokolade garnieren.

Für eine schnellere Zubereitung Schritt 2 überspringen und stattdessen mehr Kakaopulver in die Reismilch einrühren.
Wer möchte, kann zusätzlich Karamellsoße oder Erdnusssoße über die Sahne geben.

Erdnuss-Energiekugeln

100g Rosinen
50g Haferflocken
50g Erdnüsse geröstet
1 EL Kokosöl
1 gehäufter EL Erdnussmus
3 EL Kokosflocken (optional)

1. **Knet-/Mahlmesser** einsetzen. Rosinen, Haferflocken und Erdnüsse zugeben. Den **Dampfgarkorb** einsetzen, um den Inhalt unten zu halten. Mahlen. *[Stufe 10, 1:30 Minuten]*
2. Kokosöl und Erdnussmus zugeben. Alles gemeinsam erneut mahlen/vermischen. *[Stufe 10, 1:30 Minuten]*
3. Messer entnehmen und mit den Händen alles kurz verkneten.
4. Je 1 gehäuften EL der Masse entnehmen und zu Kugeln formen. In den Kokosflocken rollen.

Direkt nach dem Formen sind die Kugeln noch ziemlich fettig und die Kokosflocken bleiben gut daran kleben. Werden sie danach im Kühlschrank aufbewahrt, trocknen sie an der Außenseite innerhalb von 1-2 Tagen ab, sodass sie sehr gut auch unterwegs und ohne Kokos gegessen werden können. Im Kühlschrank halten sie mindestens 2 Wochen lang, eingefroren quasi ewig.

Haferkekse

2 Bananen
3 Äpfel
150g Haferflocken
80g Rosinen
1 EL Zimt

1. Die Äpfel vierteln und das Kerngehäuse entfernen. **Schnitzelwerk Scheibe C** einsetzen und die Äpfel raspeln. *[Stufe 10]*
2. Die geraspelten Äpfel in ein Sieb geben und über einer Schüssel auspressen.
3. **Knet-/Mahlmesser** einsetzen. Die Bananen schälen, zugeben und pürieren. Kleine Stücke dürfen verbleiben. *[Stufe 8, 15 Sekunden]*
4. Äpfel, Zimt, Haferflocken und Rosinen zugeben. Alles zu einem nassen Teig verkneten. *[Stufe 5, 30 Sekunden]*
5. Den **Ofen** auf 200°C vorheizen. Je einen Esslöffel des Teiges auf ein Backblech geben und zu runden Keksen formen. Für 25-30 Minuten backen.

An der Oberfläche der Kekse sollten möglichst wenig Rosinen sein, da sie leicht verbrennen. Statt Rosinen können auch Schoko-Stückchen genommen werden, diese sollten dann allerdings am Ende von Hand untergehoben werden.

Marzipan-Pralinen

200g Mandeln, gehackt und blanchiert
180g Puderzucker
½ Fläschchen Bittermandelaroma
40ml Whiskey
220g Schokolade

1. **Knet-/Mahlmesser** einsetzen. Schokolade zugeben und zerkleinern. *[Impuls, 30 Sekunden]*
2. ⅔ der Schokolade temperieren und Pralinenformen damit auskleiden. Kaltstellen.
3. Mandeln in den Mixtopf geben und zerkleinern. Dabei alle 30 Sekunden stoppen und herunterschieben. *[Stufe 12, 2:30 Minuten]*
4. Puderzucker, Bittermandelaroma und Whiskey zugeben. Vermischen. *[Teig P1]*
5. Nach Ablauf des ersten Teils des Programms stoppen.
6. Marzipan aus dem Mixtopf entnehmen und in die Pralinenformen füllen. Kaltstellen.
7. Die restliche Schokolade temperieren und die Pralinen damit bedecken. Erneut kühlen, bis die Schokolade fest ist.

Mit einer fruchtigen Komponente sind die Pralinen noch besser. Kleingeschnittene Cranberries lassen sich zum Beispiel schnell in die Marzipanmasse einkneten.